DE LA PELLAGRE

DANS LE DÉPARTEMENT DE LA GIRONDE

DE
LA PELLAGRE

DANS

LE DÉPARTEMENT DE LA GIRONDE

PAR

M. HENRI GINTRAC

Professeur de clinique interne à l'École de Médecine de Bordeaux,
Médecin des épidémies, Secrétaire général du Conseil d'hygiène de la Gironde,
Lauréat et Correspondant de la Société des Sciences médicales et naturelles de Bruxelles (1843),
Lauréat de l'Académie Impériale de Médecine de Paris (1850 et 1856),
Membre résidant de la Société des Sciences physiques et naturelles de Bordeaux,
Membre correspondant de la Société médicale des hôpitaux de Paris
et de la Société de Médecine de Lyon.

BORDEAUX

G. GOUNOUILHOU, IMPRIMEUR DE L'ÉCOLE DE MÉDECINE,
ancien hôtel de l'Archevêché (entrée rue Guiraude, 11).

1863

DE

LA PELLAGRE

DANS

LE DÉPARTEMENT DE LA GIRONDE.

Depuis longtemps la pellagre a pris droit de domicile dans le département de la Gironde, et récemment elle s'est propagée dans quelques communes qu'elle avait autrefois respectées. Témoins de cette marche envahissante, plusieurs médecins cantonnaux en instruisirent, au mois de mai 1860, M. de Mentque, alors préfet de la Gironde, aujourd'hui sénateur. Plein de sollicitude pour tout ce qui intéresse la santé publique, cet éminent magistrat voulut bien me charger, en ma qualité de médecin des épidémies, de visiter les localités qui lui avaient été désignées comme foyers de la maladie. Dans ce but, je me rendis, à plusieurs reprises, dans ces contrées, afin de rechercher les circonstances qui avaient amené cette fâcheuse extension. A la suite de chacune de mes visites, j'adressai à l'Administration un rapport particulier pour lui faire connaître l'étendue et la gravité du mal, et indiquer les moyens susceptibles d'y remédier. C'est avec les notes prises pendant ces inspections et avec les observations nombreuses que j'ai recueillies à l'hôpital Saint-André, pendant près de quinze ans, que je me propose de tracer l'histoire de cette endémie.

La plupart des ouvrages classiques et des monographies qui traitent de la pellagre, donnent l'analyse des Mémoires publiés en France, en Italie et en Espagne sur ce sujet : la bibliographie est donc suffisamment connue, il me paraît inutile de la reproduire; je me bornerai à mentionner les travaux qui ont eu pour objet l'étude de la pellagre dans la Gironde.

C'est presque aux portes de Bordeaux que, pour la première fois en France, la pellagre a été reconnue. Le docteur Hameau père, médecin instruit et judicieux, observait depuis l'année 1818, dans les landes de La Teste, une maladie qui frappait spécialement les individus pauvres et se nourrissant d'aliments grossiers. Elle se montrait pendant les chaleurs de l'été et disparaissait en hiver. Elle se multipliait et s'aggravait chaque année, augmentant peu à peu la mortalité parmi les populations agricoles et leur imprimant un cachet de dégradation physique et morale.

Ne sachant à quelle partie du cadre nosologique se rattachait l'affection dont il était témoin, Hameau adressa, le 4 mai 1829, à la Société de Médecine de Bordeaux, une fascicule d'observations (¹). Une Commission fut nommée, et après l'examen des faits elle conclut que la maladie dont Hameau avait tracé l'histoire, était bien celle qu'avaient décrite les médecins italiens sous le nom de *mal del sole,* et les médecins espagnols sous celui de *mal de la rosa* (²).

En 1836, dans un second travail, Hameau fit connaître les progrès du mal et donna quelques nouveaux détails relatifs aux causes et aux symptômes.

Vers la même époque, mon père publiait, dans le Journal de la Société de Médecine de Bordeaux, un cas de pellagre observé chez une dame de Cavignac. Les conditions hygiéniques de ce village étaient différentes de celles des communes

(¹) Mémoire sur une maladie de la peau, peu connue, observée dans les environs de La Teste. *Journal de Médecine de Bordeaux*, 1829, t. I.

(²) *Journal de Médecine de Bordeaux*, 1840, p. 242

qui avoisinent le bassin d'Arcachon; il était possible de tirer quelques inductions de ces différences topographiques (¹).

L'apparition de la Pellagre dans la Gironde éveilla l'attention des médecins bordelais et la sollicitude des autorités. Le Conseil d'hygiène fit imprimer et distribuer à tous les praticiens du département le Mémoire de Hameau; il provoqua par un concours public des recherches propres à faire connaître cette maladie; c'est alors que se produisirent les travaux de MM. Hameau, Lalesque, Ardusset, Beyris, Courbin, Pauillac et Mouton (²).

L'hôpital Saint-André de Bordeaux recevant chaque année un certain nombre de pellagreux, ces faits sont devenus, pour quelques anciens élèves de l'École de Médecine de Bordeaux, un sujet de dissertation inaugurale. Je citerai les thèses de MM. Crébessac (Paris 1852), Gustave Hameau (Paris 1853), De Bucherie (Strasbourg 1858), Ledhui-Bourgade (Montpellier 1859), Balhadère (Paris 1859), Soulez (Paris 1860), Daugreilh (Paris 1861).

Enfin, on me permettra de rappeler que, dans son *Traité de Pathologie et de Thérapie médicales,* mon père a consacré un long chapitre à l'étude de cette maladie, et en a rapporté trente observations détaillées (³).

La pellagre n'est pas indistinctement répandue dans tout le département. Il est certaines contrées qu'elle affecte spécialement et qu'elle n'a point abandonnées; il en est d'autres au contraire qu'elle n'a jamais abordées. Pour apprécier les

---

(¹) *Journal de Médecine de Bordeaux,* 1836, t. III, p. 321.

(²) Ces Mémoires et observations sont publiés dans un ouvrage intitulé : *Documents pour servir à l'étude de la Pellagre des Landes.* Ils sont consignés dans les Actes de l'Académie des Sciences, Belles-Lettres et Arts de Bordeaux.

(³) Tome V, p. 639.

causes de cette inégale répartition, il me paraît nécessaire de donner une idée de la topographie de la Gironde.

Le département de la Gironde est partagé par le fleuve qui le traverse en deux moitiés presque égales. L'une est au Sud-Ouest, et confronte la rive gauche de la Garonne et de la Gironde; l'autre est au Nord-Est, bornée par leur rive droite.

Sur la rive droite se trouvent les arrondissements de Blaye, de Libourne et de La Réole, les cantons de Saint-André de Cubzac, du Carbon-Blanc, de Créon et de Cadillac.

Sur la rive gauche sont situés les arrondissements de Bordeaux, de Bazas et de Lesparre, les cantons de Castelnau, de Blanquefort, de Pessac, de La Brède, de La Teste, d'Audenge, de Belin et de Podensac.

Ces deux parties du département, ainsi séparées par le fleuve, diffèrent entre elles par la disposition de la surface du sol, par la nature du terrain, par l'état physique et moral des habitants.

Examinons ces différences :

Le territoire situé sur la rive droite est limité par les départements de la Charente-Inférieure, de la Dordogne et du Lot-et-Garonne. Il offre, vers le Sud-Est, c'est à dire dans les arrondissements de La Réole et de Libourne, des plateaux élevés, des coteaux, les uns reliés entre eux par de longues pentes ondulées, les autres séparés par des vallons. Le roc, en général, assez rapproché de la surface du sol, n'est recouvert que par une couche assez mince de terre végétale. On rencontre, réunis en proportions différentes suivant les localités, du sable, du gravier, de l'argile, de la marne, des débris calcaires. Cette différence dans la nature du terrain, explique pourquoi les cultures y sont variées; ce sont des céréales, de la vigne, des arbres à fruits, du tabac, etc. L'élève du bétail, l'engraissement des bœufs, y constituent une industrie importante. Les maisons sont en général construites en pierre, régulièrement disposées, bien aérées et tenues avec propreté. Les habitants sont d'une constitution robuste, d'un tempérament sanguin, d'une stature assez élevée, actifs. Ils se nourrissent convenablement.

Dans la partie Nord-Est, sur cette même rive, c'est à dire dans l'arrondissement de Blaye, se trouvent des marais, quelques landes, des bois de pin, des vallons et des collines. Lymphatiques, amaigris et insouciants dans les contrées marécageuses, les habitants sont sanguins, vigoureux et actifs sur les coteaux. Ils s'occupent de l'élève des bestiaux, de la meunerie, de l'exploitation des pins, de la distillerie des vins, de constructions maritimes, etc. Ils cultivent les céréales, se nourrissent bien, boivent une eau de bonne qualité et quelques liquides fermentés. Les maisons et leurs dépendances sont tenues conformément aux règles de l'hygiène.

La partie du département située sur la rive gauche de la Garonne et de la Gironde forme un plateau triangulaire, occupé au Nord par le Médoc, à l'est par Bordeaux, à l'Ouest par les dunes et l'Océan, au sud par le Bazadais. Dans l'intervalle de ce triangle se déroulent d'immenses terrains, la plupart incultes, couverts çà et là d'étangs, de lagunes et de marais.

Le Médoc a été très longtemps insalubre : c'était un foyer d'émanations marécageuses, les fièvres intermittentes y régnaient chaque année; cette insalubrité ne devra pas surprendre quand on saura qu'il était en grande partie composé de terres incultes et entouré d'eaux stagnantes; c'est même cette situation qui lui a valu son nom *(in medio aquæ)*. On a, dans ces dernières années, exécuté des travaux considérables d'assainissement, creusé des canaux d'écoulement, établi de fortes chaussées pour arrêter les progrès toujours menaçants des inondations, et dès-lors les marais ont été conquis à l'agriculture. Tous ces terrains, qui jadis n'étaient qu'un limon fangeux, sont aujourd'hui d'une remarquable fertilité. En outre, les maladies à forme intermittente sont devenues plus rares.

A mesure que l'on quitte le Médoc pour se rapprocher de l'arrondissement de Bordeaux, le pays change de physionomie. Il est très cultivé et se couvre principalement de magnifiques vignobles; le sol est graveleux; la même nature de terrain se retrouve dans les campagnes qui environnent Bordeaux. Dans toute cette zone, la population se fait remarquer par une bonne constitution physique; elle est laborieuse et son travail lui assure une certaine aisance.

Vers le Sud, cette circonscription comprend l'arrondissement de Bazas, qui est divisé en deux parties par le Ciron. Sur la rive gauche de cette petite rivière, sont situés les cantons de Captieux, de Villandraut, de Saint-Symphorien, avec leurs forêts de pins et leurs landes, avec leurs habitants anémiques; sur la rive droite, le territoire est entrecoupé de vallons, de plaines et de coteaux cultivés, et contraste, par sa fertilité et la riante variété de ses produits, avec la tristesse et la stérilité des landes de la rive opposée. La même différence se rencontre dans les mœurs et la nourriture des paysans.

A l'ouest de ces diverses régions existe une vaste étendue de terrains, couverts çà et là de bruyères et d'ajoncs; ils occupent dans la Gironde une surface de 107,600 hectares et s'étendent jusqu'aux landes de l'Océan. Ces immenses plaines, en quelque sorte déshéritées de la nature, que l'on appelle les Landes, comprennent l'arrondissement de Bazas dans sa presque totalité, les cantons de Castelnau, de La Teste, d'Audenge et de Belin dans l'arrondissement de Bordeaux; les communes de Hourtins et de Carcans dans l'arrondissement de Lesparre; elles sont les foyers habituels de la pellagre; c'est une raison pour les décrire avec plus de détails.

Les landes forment un vaste plateau qui se termine par une pente insensible au pied des dunes, sur les bords de l'Océan. La surface du sol est constituée par une épaisseur de 60 centimètres environ de sable qui repose sur un agrégat imperméable qu'on appelle *alios;* c'est un mélange solidifié d'argile, de sable et de matières végétales. Cette constitution géologique explique la stérilité de cette région. Pendant l'hiver, les eaux pluviales ne peuvent s'écouler : en raison de l'insuffisance des pentes et de l'imperméabilité du sous-sol, elles restent stagnantes pendant l'hiver, et s'évaporent sur place pendant l'été; mais alors les plantes naissantes sont comme torréfiées par la chaleur. On conçoit combien ces alternatives d'inondation et de sécheresse sont contraires au succès des cultures; aussi l'aspect de ce pays est-il d'une tristesse et d'une monotonie désolantes : l'œil ne découvre au loin, jusqu'à l'horizon dans ces vastes plaines, que des sables arides, des bruyères, des bouquets d'arbres résineux, des chaumières éparses çà et là, enfin quelques maigres troupeaux de brebis, conduits par un pasteur monté sur des échasses.

Les landes se terminent au pied des dunes, lesquelles s'étendent depuis l'embouchure de la Gironde jusqu'à celle de l'Adour. On sait que Brémontier s'est illustré en découvrant l'ingénieux procédé qu'on suit aujourd'hui pour arrêter le mouvement des sables et permettre à leur surface l'emploi des semis de pins. Ses premières tentatives datent de 1787. Actuellement les dunes sont ensemencées presque partout, et ces montagnes sablonneuses, jadis envahissantes et complètement stériles, donnent de riches et d'importants produits.

Les eaux qui descendent des landes vers l'Océan sont retenues par les dunes qui font office de digue; elles forment ainsi, le long du golfe de Gascogne, une série d'étangs; les principaux sont ceux de Hourtins, de Carcans, de Lacanau et du Porge. Des travaux considérables, en cours d'exécution d'après les projets de M. l'ingénieur Chambrelent, et sous sa direction, établissent la communication de ces étangs avec la Gironde et dessèchent des milliers d'hectares de marais.

Les habitants des landes sont en général de petite taille, maigres, décolorés, lents dans leurs déterminations et leurs mouvements; ils sont ou agriculteurs ou résiniers ou bergers ou marins; ils sont mal vêtus et mal logés; leurs maisons sont obscures, humides, sans carrelage, sans plafond ni fenêtres; l'air et la lumière n'y pénètrent qu'incomplètement; elles sont recouvertes de chaume; une seule chambre suffit souvent pour toute une famille. Cette population se nourrit habituellement de pain de seigle, de bouillie faite avec de la farine de millet *(panicum miliaceum)* de millade *(panicum italicum)* ou de maïs *(zea maïs)*, de lard rance, de porc, de sardines salées, de harengs-saurs; elle ne mange de la viande et ne boit du vin que par exception. Les landes ne possèdent aucune source, aussi l'eau qui sert à l'usage des hommes et des animaux est-elle impure. Elle a été placée par M. Fauré, dans son Mémoire sur les eaux de la Gironde, dans la classe des eaux aliotiques albumineuses; elle a une couleur jaunâtre, une odeur et une saveur qui rappellent le marécage; glaciale en hiver, elle est tiède en été; elle provient d'une nappe souterraine située sous l'alios. L'eau des pluies automnales séjourne d'abord à la surface du sol; imbibant la couche sablonneuse perméable, elle s'altère en dissolvant les débris végétaux et animaux, puis elle s'infiltre lentement à travers quelques fissures de l'alios et séjourne au-dessous de lui en conservant les matières organiques dont elle s'est primitivement imprégnée.

En parcourant les Landes, on trouve disséminés une quantité considérable de trous, creusés par les bergers à un mètre de profondeur environ dans le sol ; ces trous contiennent une eau croupissante, infecte, qui est souvent utilisée pour la boisson des hommes et des animaux.

Ainsi, dans ces contrées landaises, tout est défectueux, la terre, l'air et l'eau ; tout y est misérable et rabougri : les végétaux croissent avec peine, les animaux domestiques sont d'une petite taille, l'homme lui-même est détérioré par l'infécondité du sol, et les populations languissantes offrent le cachet d'une débilité profonde.

Ces données acquises, j'aborde la partie médicale du sujet qui m'occupe.

L'étiologie, souvent si difficile à saisir dans les affections Étio[logie] sporadiques, se dérobe presque toujours dans les maladies endémiques, aux investigations des observateurs, et cependant n'est-elle pas une source féconde pour la prophylaxie? Dans les endémies, le principe étiologique est inhérent au genre de vie des individus, à la nature des localités; il faut donc le poursuivre dans les éléments qui forment les bases de l'hygiène, il faut aussi le rechercher dans les dispositions héréditaires.

L'hérédité de la pellagre est incontestable. Cette influence Héré[dité] comprend deux modes distincts : ou bien il s'agit d'une transmission directe de la maladie, ou bien c'est une simple prédisposition des enfants à la contracter par suite d'un vice inné de l'organisme. Ce dernier mode m'avait longtemps paru le plus vraisemblable. Au mois de mai 1861, en examinant les pellagreux dans le canton de Castelnau, il m'a été facile de reconnaître le rôle considérable que joue l'hérédité. J'ai vu une lignée de pellagreux composée de trois générations. J'ai observé chez quatre enfants de 4 à 6 ans, les symptômes cutanés et digestifs de la pellagre qu'il était impossible d'attribuer ni à la débilité de la constitution ni à leur alimentation. J'ai constaté l'érythème squameux du dos des mains et la diarrhée caractéristique chez un enfant de 2 ans et demi, qui avait été nourri 22 mois par sa mère pellagreuse. Ce jeune enfant n'avait point été exposé au soleil et n'avait subi aucune des influences auxquelles on a cru pouvoir rapporter la cause de la pellagre. Un autre enfant du Porge, âgé de 3 ans, me fut présenté par son père et sa mère, qui tous les deux offraient, depuis 5 années, les symptômes cutanés, digestifs et nerveux de la pellagre. Il avait été nourri 14 mois par sa mère pellagreuse. L'érythème du dos des mains qui s'était montré au printemps 1860, avait disparu pendant l'hiver; il se reproduisait en mai 1861, lors de ma visite. Il y avait même à ce moment un peu de diarrhée. En outre, sur 77 malades que j'ai interrogés, 42 comptaient parmi leurs ascendants (père ou mère) des pellagreux. L'hérédité, admise par la plupart des médecins Italiens (¹), est donc une voie réelle de propagation de la pellagre. Toutefois, je suis loin de nier que les conditions spéciales d'habitation, d'aération et d'alimentation, agissant à titre de causes excitantes et spéciales, ne fassent éclater un germe de maladie, si déjà il préexiste chez l'enfant.

La Pellagre est surtout fréquente de 30 à 50 ans; elle est rare dans la première enfance et dans la vieillesse. Cependant, je l'ai constatée chez 6 enfants âgés de 2 à 6 ans, et chez plusieurs individus qui avaient dépassé 65 ans.

Je l'ai rencontrée à l'hôpital Saint-André, plus souvent chez

<hr>

(¹) Calderini, *Annales des maladies de la peau*, (Cazenave, t. I, p. 341.) — Sacco, *Méd. chir. Transact.* t. VIII, p. 326. — Brière de Boismont, *J. complém.* t. XLIII, p. 61 et 372.

l'homme que chez la femme; cette observation n'est pas très probante; les femmes ne se rendent à l'hôpital qu'avec une certaine répugnance. Mais dans les localités à pellagre, j'ai remarqué que les femmes y étaient plus sujettes que les hommes.

Il me serait difficile de dire quelle est la constitution ou le *Constituti* tempérament qui favorise le développement de la pellagre. Je n'ai pas constaté de différence très sensible à cet égard.

Si l'on considère les professions, on trouve que cette *Professio* maladie est très commune chez les agriculteurs et les bergers, moins fréquente chez les résiniers et les bûcherons. Elle est très rare chez les marins; ce qui se comprend aisément.

Cette fréquence de la pellagre chez les bergers, avait fait penser à Hameau qu'elle se communiquait des brebis à l'homme. Ces animaux sont sujets à des éruptions cutanées qui ressemblent plus ou moins à l'érythème pellagreux; mais la pellagre n'est pas de la même nature que la maladie des brebis, et, de plus, elle se rencontre chez des individus qui n'ont jamais eu de contact avec ces animaux.

L'action directe des rayons solaires a été considérée comme *Insolatio* la cause déterminante et productive de la pellagre. Telle était l'opinion de Frapoli de Milan, d'Albéra, de Ghérardini, de la plupart des médecins Italiens, de Strambio, qui affirmait que le soleil était le plus grand ennemi des pellagreux. Telle est aussi l'opinion de plusieurs médecins des Landes. M. Landouzy, le savant Directeur de l'École de Médecine de Reims, admet dans son premier Mémoire que le soleil exerce une influence notable sur la production, l'exacerbation ou la récidive de l'érythème, mais qu'il n'est pas indispensable à sa manifestation (¹). Dans sa troisième leçon clinique de 1862, il établit encore que le soleil est bien la cause de l'érythème, mais qu'il n'est pas la cause essentielle de la pellagre (²).

On ne peut s'empêcher d'admettre un certain rapport entre le développement de l'érythème et l'insolation, lorsqu'on se rappelle que l'érythème apparaît au printemps, qu'il affecte spécialement les parties exposées au soleil et qu'il se dissipe l'hiver; et surtout lorsqu'on lit que M. le docteur Hameau a vu les pellagreux exempts de ces symptômes cutanés parce qu'ils ne s'exposaient pas au soleil, et qu'il a pu limiter et diriger à volonté l'érythème par des gants découpés de diverses façons (³).

Le docteur Invaldi, dans sa relation sur la pellagre de la commune de Marasco, fait remarquer que jamais la peau ne s'altère lorsqu'elle est protégée par des bas et des souliers (⁴).

J'ai vu chez des paysans des Landes, le visage ombragé par les bords d'un vaste chapeau être exempt de toute lésion.

L'érythème de la pellagre ne se produit-il que sous l'influence des rayons solaires? Je ne le pense pas. Si chez un individu affecté de la diathèse pellagreuse la peau est excitée par le soleil, par un corps en ignition, par la flamme d'un foyer, en un mot par un rayonnement quelconque de calorique suffisamment prolongé, le résultat peut être le même. En voici la preuve :

OBSERVATION. — R..., âgé de 55 ans, d'une constitution affaiblie, d'un tempérament lymphatique, est forgeron

(¹) Landouzy, *De la Pellagre sporadique*, p. 75.
(²) Landouzi, 3ᵐᵉ *leçon de clinique.* 1862, p. 41.
(³) Hameau, *Revue Médicale.* 1852, t. I, p. 542.
(⁴) Boudin, *Souvenirs de la Campagne d'Italie.*

depuis plus de 30 ans; il a longtemps demeuré dans le département des Landes et habite Bordeaux depuis 3 ans; il s'est toujours mal nourri, n'a mangé de la viande que par exception, n'a jamais fait usage de maïs, ne boit habituellement que de l'eau et rarement du vin.

Au mois de mars 1861, il fut pris d'une céphalalgie intense, de vertiges, de douleurs le long du rachis, d'un sentiment profond de faiblesse, de bourdonnements et de tintements d'oreilles; ces phénomènes se dissipèrent vers la fin de l'été, ils cessèrent même pendant l'hiver et se montrèrent de nouveau au printemps de 1862. Ils étaient alors plus intenses, il y avait des vertiges incessants, une douleur très vive, qui de la nuque se portait au sacrum. Le malade avait des hallucinations; il croyait entendre sans cesse le bruit d'une cloche ou d'un moulin, le tic-tac d'une montre; il avait la sensation d'un marteau lui frappant la nuque, en outre il était devenu lypémaniaque; il éprouvait une certaine titubation en marchant. Vers la même époque, il survint à la partie antérieure et inférieure de chaque avant-bras, un érythème qui, au mois de juillet, se termina par une desquamation; la face dorsale des mains en fut exempte; aucun symptôme ne se manifesta du côté des organes digestifs.

R... est admis à la clinique interne le 12 août 1862. On constate les traces de l'érythème à la partie inférieure et antérieure de chaque avant-bras et surtout du droit, dans une étendue de 10 centimètres dans le sens longitudinal et de 5 dans le sens transversal; l'épiderme est fendillé, recouvert de squames grisâtres; la peau présente deux colorations distinctes, l'une terreuse, l'autre rouge, luisante, uniforme; la surface malade est entourée d'un liseré foncé, il n'existe aucune altération cutanée sur le dos des mains et sur le visage. On retrouve les accidents nerveux que j'ai déjà mentionnés, la lypémanie est assez prononcée, les organes digestifs n'offrent aucune particularité digne d'être notée; le pouls est calme, bien développé.

Le malade est soumis à l'usage des bains sulfureux, de la valériane et d'un régime tonique.

Les symptômes que je viens de rapporter sont-ils une manifestation de la pellagre? Il est à remarquer que R... habitait une contrée où cette maladie est endémique, que les accidents nerveux ont commencé au printemps de 1861, qu'ils ont disparu en hiver, qu'au mois de mars 1862 ils se sont reproduits avec une nouvelle intensité, et que lors de cette récidive ils se sont accompagnés de l'érythème; il faut encore noter que ces accidents nerveux et cutanés paraissent être précisément les accidents nerveux et cutanés classiques de la pellagre. On doit se demander cependant, pourquoi cette localisation de l'érythème à la partie antérieure et inférieure de l'avant-bras? Je vais hasarder une explication : R... nous a raconté que, par son métier de forgeron, il exposait surtout au feu de la forge la partie antérieure et inférieure de chaque avant-bras, et surtout du côté droit, et qu'il garantissait avec son vêtement le reste des membres supérieurs; le feu d'une forge ne pourrait-il pas jusqu'à un certain point agir à la façon des rayons solaires, et produire les effets de l'insolation? ne pourrait-il pas, en d'autres termes, déterminer l'éruption érythémateuse de la pellagre, surtout lorsque l'individu est déjà sous l'influence de la diathèse qui engendre cette maladie? Il me semble que cette hypothèse est très admissible.

Des objections sérieuses ont été faites à la théorie qui considère la pellagre comme le résultat de l'insolation; je dois les reproduire :

La pellagre n'existe pas dans les régions les plus chaudes du globe; en Espagne et en Italie, ce n'est pas dans les régions les plus méridionales qu'on l'observe. En France, elle existe dans l'Ouest, elle est inconnue dans la Provence.

Elle apparaît dès les premiers jours du printemps, avant que le soleil ait pris toute sa force. Elle commence à décroître au moment des fortes chaleurs.

Elle peut se manifester sans l'intervention des rayons solaires, ainsi que l'a constaté Calderini, chirurgien en chef de l'hôpital de Milan. On lit encore dans les ouvrages italiens, qu'à Milan les menuisiers et les cordonniers qui travaillent à l'ombre, sont aussi fréquemment atteints de l'érythème que ceux qui travaillent en plein air.

M. Landouzy a montré, dans ses leçons cliniques, un pellagreux chez lequel depuis longues années l'érythème apparaissait en décembre et offrait la desquamation au printemps.

J'ai observé, à la clinique de l'hôpital Saint-André de Bordeaux, au mois d'août 1850, un exemple de pellagre avec les trois ordres de symptômes bien caractérisés, chez une femme de 35 ans, qui passait toutes ses journées à travailler dans une chambre étroite où les rayons solaires ne pénétraient qu'imparfaitement.

J'ai constaté une récidive de pellagre pendant l'hiver de 1857. Voici le fait :

OBSERVATION. — Jeanne B..., âgée de 41 ans, est admise à la clinique interne de l'hôpital Saint-André, le 15 janvier 1857. Elle est maigre, son visage porte l'empreinte d'une tristesse et d'un abattement profonds. Elle raconte qu'elle habite la lande dans les environs de Bazas, qu'elle ne travaille point la terre, qu'elle s'occupe exclusivement aux travaux intérieurs du ménage, qu'elle se nourrit habituellement de haricots, de choux, de lard et de pain de seigle; elle ne mange que fort rarement du maïs, elle ne boit pas de vin. La maladie dont elle est atteinte remonte à trois ans; elle s'est manifestée pour la première fois au printemps de 1855, par la triple série des accidents caractéristiques : érythème des mains, troubles digestifs, désordres nerveux; ces derniers toutefois offrirent peu d'intensité. La rougeur qui existait sur la face dorsale de chaque main fut vive, et elle se termina vers la fin de l'été par une abondante desquamation. Pendant l'hiver de 1856, il n'y eut aucune apparence de maladie; le printemps ramena avec lui les accidents que le printemps précédent avait vus naître; ces accidents semblèrent même plus prononcés, puis ils cessèrent vers la fin de l'été. Du mois de septembre à celui de décembre, l'état fut satisfaisant; les plaques écailleuses de la main avaient disparu, il ne restait plus qu'une surface unie, lisse et légèrement rougeâtre; la diarrhée avait cessé, la faiblesse était moins grande; cette trève ne fut pas de longue durée. Vers la fin de décembre, après plusieurs jours d'un froid rigoureux, la face dorsale des pieds et des mains devint le siége d'une vive chaleur avec démangeaison et rougeur; presque en même temps se manifestèrent des squames d'une certaine dimension. On voyait en effet sur les mains les traces évidentes de la pellagre à sa période d'accroissement. La peau est brunâtre, sèche, rugueuse, comme desséchée; l'épiderme altéré se soulève sous forme d'écailles plus ou moins consistantes, autour des doigts il est considérablement épaissi, parcheminé, et il leur constitue une sorte d'étui brunâtre; on dirait en ces points les apparences réunies de l'érythème et de l'ichthyose. Le dérangement des fonctions digestives est revenu, il se caractérise par une diarrhée opiniâtre; la langue est sèche, fendillée, rougeâtre; les facultés intellectuelles s'affaissent; la malade éprouve une mélancolie profonde, elle se plaint de céphalalgie, de vertiges, de tintements d'oreilles, de douleurs le long du rachis, d'une faiblesse extrême, surtout aux membres inférieurs. Du 15 janvier au 25 février, infusion de quinquina et de valériane, bains avec sulfure de potasse, 60 gr., régime tonique. Sous l'influence de cette médication, les squames tombent et ne se renouvellent pas, la peau des mains devient rosée et luisante, la faiblesse musculaire diminue, la marche est plus assurée, les troubles cérébraux sont moins prononcés, les fonctions digestives s'exécutent avec plus de régularité. Pendant le mois de mars, le même traitement est continué, toutefois avec moins de rigueur; l'érythème disparaît, l'embonpoint augmente d'une manière sensible, les forces reviennent. Le 31 mars tout symptôme de pellagre est dissipé, et la malade peut sortir.

L'insolation n'est donc pas la cause directe, immédiate et déterminante de la pellagre. Elle peut, comme tout corps émettant un rayonnement suffisant et assez prolongé de calorique, favoriser le développement de l'érythème. Du reste, la lésion cutanée n'est dans la pellagre qu'un symptôme secondaire, qu'un retentissement d'une affection générale constitutionnelle, et sa présence n'est nullement indispensable pour constituer la maladie; les faits de pellagre sans pellagre sont aujourd'hui parfaitement acquis à la science.

J'arrive à l'examen d'une doctrine qui réunit encore un certain nombre de partisans : je veux parler de l'alimentation par le maïs et le maïs altéré, considérée comme cause de la pellagre.

Cette opinion a été soutenue par Cazal, par Marzari, et surtout par Balardini de Brescia. Elle a été défendue par M. Th. Roussel avec un véritable talent (¹).

En lisant son livre, on est entraîné par l'art avec lequel tous les éléments de la discussion sont présentés, et par la logique avec laquelle les conclusions sont déduites. Recherches multipliées pour prouver que la pellagre n'a paru en

Maïs.

(¹) Th. Roussel, *De la Pellagre.* Paris, 1845.

Europe que depuis l'importation du maïs; observations démontrant que cette maladie ne se rencontre que dans les pays où le maïs est cultivé, qu'elle sévit en raison directe de la culture plus générale et de l'usage plus fréquent de cette céréale : telles sont les données que M. Roussel a exposées avec une rare habileté.

L'opinion de M. Roussel a été acceptée par quelques auteurs.

M. Grisolle, dans son Traité de Pathologie interne, place la pellagre à côté de l'ergotisme, dans le chapitre relatif à l'étude des empoisonnements produits par les céréales de mauvaise qualité.

Valleix trouve un rapport évident entre l'extension de la culture du maïs et celle de la pellagre, et considère cette maladie comme le résultat de l'alimentation par cette céréale.

M. Piorry assigne pour cause de la pellagre l'altération du maïs par un champignon fongoïde.

M. Bazin regarde la pellagre comme un empoisonnement lent, comme une affection pathogénique, produite par une altération des céréales et plus spécialement du maïs.

Dans ces dernières années, M. le docteur Costallat (de Bagnères-de-Bigorre) s'est dévoué au triomphe de la doctrine de Balardini, avec une persévérance et un zèle qui ne peuvent être suggérés que par une conviction profonde et une grande philanthropie. Pour M. Costallat : 1° le verdet (altération du maïs) est l'unique cause de la pellagre; 2° le verdet n'attaque jamais le maïs qui a été passé au four au moment de la récolte (¹).

M. Tardieu est venu donner l'appui de son autorité à l'opinion de M. Costallat. L'éminent rapporteur du Comité consultatif d'hygiène dans cette question, considère comme

(¹) *Étiologie et prophylaxie de la Pellagre.* Paris, 1860.

établi qu'il existe une corrélation constante entre le maïs et la pellagre ; il admet que la pellagre n'existe que dans les pays à maïs, et qu'elle ne sévit que sur des individus qui s'en nourrissent principalement [1].

Cette doctrine a cependant rencontré de nombreux adver saires.

Dans la huitième session du Congrès des savants italiens tenue à Gênes en 1846, la Commission, par l'organe de son rapporteur, M. Calderini, exclut de l'étiologie de la pellagre l'alimentation par le maïs. Cette conclusion est d'autant plus remarquable, que l'année précédente, dans la septième session tenue à Naples, l'influence du maïs sur le développement de la pellagre avait été regardée comme très positive [2].

Au sein de l'Académie de Médecine de Paris, cette influence a paru douteuse, ainsi que le prouvent le rapport de M. Jolly et la discussion qui fut soutenue par MM. Gibert et Ferrus [3].

MM. Cazenave [4], Devergie [5], Bouchardat [6], Gustave Hameau [7], Courty [8], Duplan [9], Brierre de Boismont et Depaul [10], Boudin [11], Landouzy [12], E. Gintrac [13], etc., admettent que le maïs altéré n'est pas la cause spécifique de

---

[1] Rapport sur les communications de M. le docteur Costallat, relatives à la pellagre, fait au Comité consultatif d'hygiène publique.

[2] *Gazette médicale*, 1846, p. 982.

[3] Séance du 3 août 1847.

[4] *Abrégé des maladies de la peau*, p. 517.

[5] *Traité des maladies de la peau*, p. 193.

[6] Thèse de concours, *de l'Alimentation insuffisante*, 1852.

[7] Thèse de Paris, 1853.

[8] *Gazette médicale*, 1850, p. 623.

[9] *Rapport au Conseil d'hygiène des Hautes-Pyrénées*, 1858.

[10] *Union méd.*, 5 juillet 1860. — *Soc. méd. d'émul. de Paris*, séance de mai 1860.

[11] *Géographie et statistique médicale*, p. 300.

[12] *Pellagre sporadique*, 1860. — Leçons de clinique, 1861 et 1862.

[13] *Traité de Pathologie et de Thérapie méd.*, t. V, p. 667.

la pellagre. Le parallélisme proclamé est-il d'ailleurs confirmé par l'observation? Interrogeons les faits.

Si je cherche les rapports qui peuvent exister entre l'alimentation par le maïs et l'endémicité de la pellagre, je trouve :

1° Que la pellagre est rare dans beaucoup de localités où l'on fait usage du maïs ;

2° Que la pellagre est fréquente dans certains pays où le maïs est inconnu.

Il existe en Europe de vastes contrées où le maïs, sous toutes espèces de formes, constitue le fond de l'alimentation; l'usage en est pour ainsi dire excessif, et cependant la population est complètement exempte de pellagre.

En Grèce par exemple, où la population se nourrit presque exclusivement de maïs, la pellagre n'a pas encore été observée (¹).

En Moldavie, en Valachie, dans la plupart des contrées danubiennes, le maïs est presque exclusivement employé à la nourriture de l'homme. On le mange sous forme de gâteau (mamagalia). Il fut introduit vers le milieu du XVII° siècle, par Serban-Cantacuzène, premier bienfait qui valut à ce prince le surnom de *Providence des Paysans*. Or, l'affection pellagreuse est inconnue dans toutes ces provinces (²).

Dans le royaume de Naples, les paysans se nourrissent de blé de Turquie; ils en consomment tellement, qu'un adage populaire parmi eux, lorsqu'un homme est malade, est de dire de lui qu'il est au pain de froment. En outre, il est reconnu que le maïs est souvent altéré, et cependant les médecins ne connaissent la pellagre que par les publications scientifiques (³).

(¹) *Gazette médicale*, 1846, p. 50.

(²) Caillat, *Union médicale*, 20 Avril 1854. — Ménière, *Gaz. méd.*, 25 avril 1860.

(³) De Reuzi, *Gaz. méd.*, t. XIV, p 50.

Dans la Haute-Lombardie, où le maïs est consommé en abondance, la pellagre est moins fréquente que dans la Lombardie centrale, où la population vit de froment.

La Commission instituée par le Congrès scientifique italien a procédé, en 1847, au recensement des pellagreux dans les États-Sardes; l'enquête a constaté l'absence complète de la pellagre dans l'île de Sardaigne, dans la Savoie et dans la province d'Aoste, et cependant le maïs y est très cultivé [1].

Les habitants de l'île de Madère, dont la nourriture se compose de maïs, de poisson et de racines d'arum torréfiées ou bouillies, ne sont pas exposés à la pellagre. Le maïs dont ils se nourrissent provient de pays éloignés; il y est amené par des navires, et certainement il doit souvent se trouver dans des conditions favorables au développement des cryptogames [2].

Enfin, je dois rappeler que M. Boudin a tracé une carte indiquant la distribution géographique de la pellagre dans 45 districts appartenant aux provinces de Milan, de Come et de Bergame; cette carte est un nouvel argument contre la théorie de Balardini : elle montre l'inégalité de répartition de la pellagre parmi des populations trop rapprochées les unes des autres pour que l'on puisse admettre chez elles des différences analogues dans leur mode d'alimentation [3].

Pour la France, les résultats sont analogues. Ainsi, dans la Bourgogne, le Jura [4], les deux Charentes, le Périgord [5], les Hautes et Basses-Pyrénées [6], la Haute-Garonne, le maïs

[1] Boudin, *Géographie méd.*, t. I, p. 294.

[2] Giraldès, *Société médicale d'émulation de Paris*, séance du 5 mai 1860. — *Union médicale*, 1860, p. 29.

[3] Boudin, *Souvenirs de la campagne d'Ialie*, 1861.

[4] Collard, *Thèse de Paris*, 1860.

[5] Hillairet, *Société méd. d'émul. de Paris*. Séance du 5 mai 1860

[6] Dozous (de Lourdes), *Gaz. méd.*, 1844, p. 722. — Duplan, *Rapport au Conseil d'hygiène des Hautes-Pyrénées*, p. 20.

constitue la base de la nourriture : il n'y a point de pellagre.

On dira peut-être que la pellagre ne règne pas dans ces diverses localités parce que le maïs y est toujours en état de maturité parfaite ; mais est-il possible de supposer que ces vastes provinces soient toujours à l'abri de l'inclémence des saisons qui altèrent si souvent la qualité des récoltes?

La pellagre s'est montrée dans les contrées où l'on ne fait pas usage du maïs.

Il existe, dans le département des Pyrénées-Orientales, un canton où la pellagre est endémique : c'est le Vernet. M. Courty (de Montpellier), qui a étudié avec soin et décrit avec beaucoup d'exactitude la pellagre de cette localité, déclare qu'on ne peut rattacher sa production à l'usage de certains aliments, notamment au maïs altéré ou verdéramé (¹).

Les pellagreux observés à Paris par MM. Gibert, Devergie, Willemin ; à Reims par M. Landouzy ; à l'asile Sainte-Gemmes par M. Billod, n'avaient point mangé de maïs.

Existe-t-il dans le département de la Gironde une certaine corrélation entre la fréquence de la pellagre et la culture du maïs?

Le maïs qui se récolte dans les landes de la Gascogne, est porté à la Teste où il est consommé ; il est fréquemment altéré. Le docteur Hameau affirme avoir rencontré dans les greniers une grande quantité de verdérame ; or, jamais un cas de pellagre n'a été observé à La Teste même (²).

Les paysans des environs de Bazas, qui récoltent du maïs ou blé d'Espagne *(zea maïs)* et qui le mangent en cruchade (sorte de bouillie à l'eau), n'ont point la pellagre (³).

Dans le canton de Captieux, où la pellagre exerce ses ravages, le maïs n'entre dans l'alimentation que par exception

(¹) *Gaz. méd.*, 1850, p. 623.
(²) *Thèse de Paris*, p. 52.
(³) Ardusset, *Mémoire sur la Pellagre.*

et en très petite quantité; son prix relativement élevé le met au-dessus des ressources des pauvres cultivateurs, qui sont précisément les plus exposés aux atteintes de a maladie (1).

Lors de mon inspection dans le canton de Castelnau, j'ai examiné au moins 200 pellagreux; j'insistais vivement pour savoir s'ils ne mangeaient pas de maïs. Presque tous sans exception me répondaient négativement. Je dois faire remarquer que les habitants de ces cantons ont été souvent visités par les médecins qui étudient la pellagre, et voyant que dans toutes les questions qu'on leur adresse on leur pose toujours celle de l'alimentation par le maïs, ils ont compris que l'usage de cette céréale pouvait être nuisible à leur santé; ils s'en abstiennent complètement, et cependant la pellagre est essentiellement endémique dans ces contrées depuis longues années.

Le maïs n'est donc point la cause spécifique de la pellagre. Peut-il devenir une cause adjuvante? C'est possible. Le maïs est un aliment insuffisant, peu réparateur, dont l'usage continu affaiblit l'organisme. L'alimentation insuffisante, dont M. Bouchardat a si bien décrit les effets dans sa thèse de concours, provoque dans l'économie quelques-uns des désordres que l'on retrouve dans la pellagre. Il y eut, dans la Franche-Comté, en 1816 et 1817, une grande disette. Les habitants furent obligés, pendant un certain temps, de se nourrir presque exclusivement de végétaux non parvenus à maturité, de maïs altéré; ils furent languissants, anémiques, infiltrés, cachectiques, mais ils ne devinrent pas pellagreux.

Les malades que j'ai visités dans les landes, me racontaient que, lorsqu'ils mangeaient du maïs, ils éprouvaient un sentiment de chaleur à l'épigastre, des nausées, une soif vive,

---

(1) Ardusset, *Mémoire sur la pellagre.*

de l'inappétence et parfois des douleurs vives à l'estomac. Ils
étaient persuadés que l'alimentation dans laquelle le maïs
entrait en proportion notable leur était nuisible.

rgoté.   M. Pauillac (d'Arès) considère le seigle ergoté comme cause
de la pellagre. D'après lui, cette maladie est plus fréquente
les années où l'ergot est plus abondant. L'ergot de seigle est,
plus encore que le maïs altéré, un aliment délétère; il produit
l'ergotisme gangréneux et l'ergotisme convulsif, mais il n'engendre pas la pellagre.

re.   Il est une circonstance que l'on retrouve presque constam-
ment dans les contrées à pellagre : c'est la misère, avec son
triste cortége de peines physiques et morales. Mes observations me permettent d'établir d'une manière positive que la
pellagre appartient presque exclusivement aux localités pauvres, incultes et sablonneuses; qu'elle se rencontre surtout
chez les individus misérables qui vivent dans des conditions
hygiéniques fâcheuses.

Dans tout l'arrondissement de Lesparre, la pellagre
n'occupe que les deux communes de Hourtins et de Carcans :
ce sont les seules qui, par la nature du sol, la pauvreté des
habitants, y représentent le territoire des landes. Dans le reste
de son étendue, cet arrondissement est riche, il est couvert
de magnifiques vignobles, il produit des céréales, il est habité
par une population dont la vie matérielle ne laisse rien à
désirer. Je n'y ai point observé de pellagre.

L'arrondissement de Bordeaux se compose de douze
cantons; quatre d'entre eux, Castelnau, Audenge, La Teste
et Belin, comptent des pellagreux.

C'est surtout dans le canton de Castelnau que la pellagre
est endémique. Toutefois il importe de faire une distinction.
Ce canton, qui a pour limite d'une part la Gironde et de

l'autre l'Océan, est divisé par la grande route de Bordeaux à Lesparre en deux zones distinctes. La première, bornée par le fleuve, se compose de terres fertiles ; elle fournit du vin et des céréales : la pellagre y est inconnue. La deuxième zone, située entre la grande route et l'Océan, renferme des sables arides, des plaines incultes, et les villages de Lacanau, du Porge, du Temple, de Saumos, de Salaunes, de Sainte-Hélène et de Brach ; c'est dans ces villages et dans les landes qui les séparent, que j'ai constaté de nombreux cas de Pellagre avec ses caractères les plus expressifs.

Le canton d'Audenge est un théâtre assez fréquent de la pellagre. Elle règne dans les villages d'Audenge, d'Andernos, de Biganos, de Lanton, de Lège et de Mios, où les constructions rurales sont mauvaises, où les habitants sont misérables ; elle épargne le bourg d'Arès, dont la population, presque toute marinière, jouit d'une certaine aisance.

Ce rapport entre l'intensité de la misère et la fréquence de la pellagre se remarque encore dans le canton de La Teste. Au bourg même de La Teste, où tout respire l'aisance, à Gujan, petit village remarquable par sa situation, par sa propreté et par sa population laborieuse, j'ai inutilement cherché un pellagreux ; mais j'en ai rencontré à Mios, où l'hygiène est défectueuse, où les habitations sont mal disposées, où la population est misérable.

Dans le canton de Belin, le Barp, Salles et Beliet comptent des pellagreux. Autour de ces villages, habités par des paysans pauvres, se déroulent de vastes plaines, arides et sablonneuses.

J'ai signalé, dans l'arrondissement de Bazas, la diversité des conditions topographiques. Ces conditions différentes exercent sur le développement de la pellagre une influence remarquable. Aussi les trois cantons de Captieux, de Villandraut et de Saint-Symphorien, situés au Sud et à l'Ouest du

Ciron, ont un grand nombre de pellagreux. Ces cantons sont infertiles, c'est tout à fait la nature desséchée des landes. Ceux de Bazas, d'Auros, de Grignols et de Langon, placés au Nord et à l'Est de cette petite rivière, qui sont bien cultivés et dont les terres fécondes sont couvertes d'une belle végétation, n'offrent pas un seul cas de pellagre.

J'ajouterai que, de tous les cantons de cet arrondissement, c'est celui de Captieux qui renferme le plus grand nombre de pellagreux; c'est aussi de tous ceux de cette circonscription le plus misérable.

Cette distribution géographique de la pellagre, prouve évidemment que cette maladie s'attache, par une fatale prédilection, aux populations malheureuses, aux terrains sablonneux et incultes.

Il était intéressant de savoir si la même corrélation se retrouvait pour les autres parties de la Gironde. Sur ma demande, M. le Préfet voulut bien faire recueillir dans tout le département, par les Maires, des renseignements près des Médecins, pour savoir d'une manière exacte dans quelles localités se trouvait la pellagre.

Cette enquête a confirmé les résultats que je viens d'indiquer; elle a prouvé que la pellagre est inconnue dans toutes les contrées limitées par la rive droite de la Garonne et de la Gironde, c'est à dire dans les arrondissements de La Réole, de Libourne et de Blaye, dont j'ai signalé les heureuses conditions topographiques.

Cette enquête a établi (et elle a encore sous ce rapport confirmé mes observations) que si la pellagre se montre spécialement sur le territoire de la rive gauche, elle en a toujours respecté certaines contrées, et qu'elle n'existe ni à Bordeaux même, ni dans l'arrondissement de Bordeaux qui environne la ville et borde la Garonne, ni dans la partie occidentale du Médoc, ni dans une certaine étendue du Bazadais.

Ainsi, les localités ont une influence incontestable sur le développement de la pellagre. Le département de la Gironde en fournit la preuve évidente.

On a donc le droit de dire que la pellagre sévit en raison directe de la misère physique et morale. En Italie, *Pellagra* et *mal della miseria* sont synonymes. On objectera peut-être que la misère n'épargne point les peuples du Nord, le paysan de la Pologne, le serf de la Russie, le malheureux Irlandais, les habitants de la Sologne et de l'Auvergne, et que cependant ils sont affranchis de la pellagre. Cet argument a une valeur réelle, et j'incline à formuler cette conclusion : la misère a bien une influence sur la production de la pellagre, mais elle n'en est cependant pas la cause essentielle.

L'aliénation mentale peut-elle être une cause de Pellagre? Dès l'année 1855, M. Billod communiquait à l'Académie de médecine une série de recherches tendant à établir l'existence d'une endémie, qu'il croyait être la pellagre, dans certains établissements d'aliénés. En outre, dans des notes présentées à l'Institut, et dans divers Mémoires, le savant médecin de l'asile de Sainte-Gemmes reconnaît la pellagre parmi les caractères de cette cachexie ; d'où il résulte que la pellagre, qui jusqu'alors avait été considérée comme primitive de l'aliénation, peut lui être consécutive, et que tandis que d'ordinaire les pellagreux deviennent aliénés, ce sont dans l'espèce les aliénés qui deviendraient pellagreux (1).

Cette variété de pellagre, observée par M. Billod chez les aliénés, est-elle bien la pellagre proprement dite?

D'après M. Teilleux, médecin de l'asile d'Auch, elle en différerait par quelques-uns de ses symptomes, par sa gravité

____

(1) *Académie de méd., 3 Juillet 1855. — Académie des sciences, 2 Nov. 1861. — Archives méd. Mars 1858. — Annales medico psychol.,* 1855, p. 595 ; 1859, p. 161.

et peut-être aussi par l'absence de certaines lésions organiques ; enfin, il ne trouve pas les caractères de l'affection cutanée de la pellagre dans l'érythème des aliénés de Maréville, il l'appelle *pellagroïde* ([1]).

Pour M. le docteur Joire, médecin à l'asile de Lomelet (Lille), l'érythème du dos des mains, chez les aliénés, est le résultat de l'insolation, et ne peut pas être assimilé à l'affection pellagreuse de certaines contrées méridionales ([2]).

M. Tardieu est plus précis encore : « Nous ne nous » arrêterons pas, dit-il, à ces prétendus cas de pellagre » endémiques dans les asiles d'aliénés, signalés par un » médecin dont la Commission a examiné les recherches ; » jamais ne s'est montrée plus évidente la confusion entre » des espèces morbides différentes. Ces derniers faits, en » particulier, qui se rapportent à des érythèmes des extré- » mités et à des diarrhées cachectiques qui se montrent dans » la période ultime des formes dépressives de la folie, » démence, paralysie générale, stupidité lypémaniaque, n'ont » pas le moindre rapport avec la véritable pellagre ([3]). »

M. Landouzy, qui dans sa première leçon clinique avait admis comme possible l'influence directe de la folie sur la pellagre, vient de modifier son opinion. Dans sa troisième conférence il établit, à la suite d'une enquête faite par lui dans les principaux établissements d'aliénés d'Italie et de France, que la pellagre est rare comme complication de l'aliénation ([4]).

J'ai fait à cet égard quelques recherches dans les deux asiles d'aliénés de la Gironde. Sur les 400 malades (femmes) de l'établissement de Bordeaux, je n'ai compté, au

---

([1]) *Revue médicale,* 1861, p. 193.
([2]) *Rapport au Comité consultatif d'hygiène publique.*
([3]) 3me *Leçon clinique,* 1862, p. 49.
([4]) *Annales medico psychol.,* 1860, p. 177.

printemps 1862, qu'un seul exemple de pellagre survenu à la suite de l'aliénation. Dans une nouvelle visite que j'ai faite en juin 1863 dans la même maison, je n'ai observé aucune apparence d'érythème. A l'asile de Cadillac, qui renferme 360 pensionnaires (hommes), l'affection cutanée de la pellagre ne s'est point montrée dans ces deux dernières années comme complication de l'aliénation mentale.

En résumé, il me paraît impossible de dire, avec les données actuelles fournies par l'observation, quelle est la cause spécifique de la pellagre. Je crois être beaucoup plus près de la vérité, en admettant que l'influence héréditaire, certaines professions, l'action de la chaleur et de la lumière, une alimentation insuffisante, la misère, certaines conditions climatériques et topographiques, constituent un ensemble de circonstances qui, se trouvant réunies, impriment à l'organisme une débilitation profonde, et peuvent déterminer le développement de la pellagre.

La pellagre est une maladie complexe ; elle se caractérise par trois ordres de symptômes : 1° un érythème squameux borné aux parties les plus exposées à l'action de la chaleur et de la lumière ; 2° une phlegmasie chronique des voies digestives, dont l'indice le plus ordinaire est une diarrhée opiniâtre ; 3° une lésion plus ou moins grave du système nerveux, aboutissant parfois à l'aliénation mentale et à la paralysie.

La pellagre est une affection générale ; elle envahit successivement ou simultanément plusieurs grands appareils organiques. Abandonnée à elle-même, elle marche d'une manière lente et insidieuse, elle détermine une dépression notable des forces, elle entraîne un dépérissement successif ; c'est une maladie qui porte aux sources mêmes de la vie une atteinte profonde : elle désorganise presque insensiblement, et finit par amener la mort.

Existe-t-il pour la pellagre une période d'incubation? Admise par MM. Brierre de Boismont, Roussel et Willemin, cette période est contestée par quelques auteurs. Elle n'a point de signes spéciaux; elle ne se traduit par aucune manifestation extérieure. Je comprends dès lors la difficulté que l'on doit éprouver à reconnaître des prodromes aussi vagues, surtout chez des individus apathiques, insouciants de leur santé, ne se plaignant jamais, et le plus souvent dépourvus d'intelligence; toutefois, je suis disposé à admettre l'existence de quelques signes précurseurs qui restent latents jusqu'à ce que les premières chaleurs du printemps aient rendu la détermination morbide plus ou moins évidente. En y regardant de près, on trouverait donc une sorte de période d'incubation, ou plutôt une période prodromique, caractérisée par une diminution des forces et un dérangement des fonctions digestives.

Les accidents cutanés de la pellagre sont de tous les plus fréquents; ils consistent en un érythème, c'est-à-dire une rougeur vive, d'étendue variable, accompagnée de démangeaison ou de chaleur, qui a pour siége le dos des mains et des pieds, parfois les côtés du cou, les ailes du nez, les pommettes, le sternum, en un mot les parties exposées aux rayons solaires. En ces diverses régions, la peau est rosée, lisse; elle n'est point tuméfiée : je l'ai vue recouverte de papules ou de vésicules, je n'ai jamais remarqué de pustules ou de bulles; puis l'épiderme tombe en desquamation, la surface malade offre plus tard une rougeur uniforme que l'on a comparée à la cicatrice d'une brûlure ou à une pelure d'oignon; souvent elle est entourée d'un liseré foncé.

Cet érythème débute au printemps, pendant les mois de mars et d'avril, décroît à la fin de l'été, disparaît en automne pour reparaître au printemps suivant. Pendant cette sorte de trève, la peau des parties affectées est plus luisante, plus sèche et plus sensible qu'à l'état normal. L'année suivante, et toujours au printemps, l'affection cutanée se reproduit sur les mêmes points; elle revêt des caractères plus tranchés : l'épiderme se durcit, prend un aspect rugueux, une teinte d'un gris sale, brunâtre, et se détache par exfoliation. Les lamelles, en tombant, laissent apercevoir le derme rouge et érythémateux; la peau devient sèche, ridée et parcheminée. Tantôt les squames sont très épaisses et s'imbriquent les unes sur les autres, et on trouve réunies les apparences de l'érythème et de l'ichthyose : tantôt l'épiderme ne se soulève pas; il est parcouru par des sillons qui donnent aux mains un aspect particulier, décrit sous le nom de *peau ansérine*.

Quelquefois, au niveau des articulations des phalanges, l'épiderme s'épaissit et présente des fissures et des crevasses plus ou moins profondes.

La face palmaire des mains est, en général, exempte de toute lésion.

Des squames s'observent aussi à la partie antérieure et inférieure du cou, en guise de collier, et avec un appendice sur le sternum.

L'érythème squameux, s'étant montré pendant plusieurs années à chaque équinoxe vernale, détermine des altérations profondes de la peau, qui ne disparaissent plus l'hiver, et alors le stigmate de l'affection cutanée est indélébile.

La peau présente quelquefois une autre altération qui a été signalée par M. Landouzy (¹) : c'est une teinte bronzée sur diverses régions du corps, l'épigastre, le ventre et les lombes. Le savant professeur de Reims se demande si cette coloration fait partie de l'érythème; si elle est le résultat d'une modification du pigment, indépendante de tout exanthème antérieur, ou si elle constitue une complication due à la maladie

____

(¹) *De la Pellagre sporadique;* 1860, p. 75.

d'Addison. Je n'ai point trouvé chez les nombreux malades que j'ai visités, cette coloration particulière; elle n'a point été observée par les médecins qui exercent dans les landes. Serait-elle un des traits caractéristiques de la pellagre sporadique ou de la pellagre des aliénés? De nouveaux faits sont nécessaires pour élucider cette question :

Les troubles digestifs se montrent fréquemment dans le cours de la pellagre; dès le début, ils se présentent sous la forme d'une gastralgie ou d'un embarras gastrique; ils s'accompagnent de boulimie ou de dyspepsie; ils deviennent ensuite plus expressifs; les lèvres sont sanguinolentes et fendillées, les gencives fongueuses; la muqueuse buccale est rouge, aphtheuse; la langue fendillée, parsemée sur sa face supérieure de gerçures et de sillons profonds. Les malades éprouvent du ptyalisme, un sentiment de chaleur qui de l'estomac remonte au pharynx, des difficultés de digestion, du pyrosis. Pendant quelque temps il y a alternativement constipation et diarrhée; mais plus tard la diarrhée domine, elle devient persistante et rebelle, elle empêche toute nutrition, et dès lors contribue à l'amaigrissement et à l'affaiblissement de l'organisme.

Les phénomènes encéphalo-rachidiens se traduisent par une altération de la sensibilité, de la myotilité et de l'intelligence. Ils consistent en des vertiges, une douleur ou plutôt un sentiment de chaleur le long du rachis, des étourdissements, de l'apathie, une grande répugnance aux mouvements et à toute espèce de travail. Ces symptômes deviennent ensuite plus tranchés, la faiblesse générale est plus marquée, la marche vacillante, incertaine; les extrémités inférieures sont le siége de fourmillements, d'engourdissements, d'un affaiblissement graduel qui quelquefois aboutit à la paralysie; d'autres fois les pellagreux sont sujets à des tremblements, à des mouvements désordonnés, ce qui imprime à leur démarche un cachet tout particulier. Ils ont, en outre, des hallucinations de la vue ou de l'ouïe; ils gardent un silence obstiné, une attitude immobile; ils ont de la lenteur dans la parole, de l'incohérence dans les idées, un délire triste, une idée fixe de désespoir, une lypémanie quelquefois poussée jusqu'à la stupidité. En un mot, ils donnent le triste spectacle d'une aliénation mentale qui suit tous les degrés depuis la simple hébétude jusqu'à la manie et à la monomanie, et qui conduit souvent au suicide. Un genre de mort assez ordinaire est la submersion, ce que Strambio appelait hydromanie. En parcourant les contrées à pellagre, j'ai appris que chaque année on trouvait noyés dans les étangs plusieurs de ces malheureux. Je n'ai jamais constaté la monomanie religieuse.

J'ai observé, pendant le cours d'une pellagre, une forme de paralysie qui, je crois, n'a pas été signalée par les auteurs. C'est la paralysie du voile du palais.

Observation. — Armand, âgé de 50 ans, cultivateur, habite la commune de Sainte-Hélène (canton de Castelnau); il se nourrit mal, ne mange pas de maïs et ne boit du vin que fort rarement. Son père et sa mère sont morts de la pellagre. Depuis six ans, à chaque printemps, il a sur le dos des mains et sur les côtés du cou l'érythème caractéristique. Depuis deux ans, à la même époque, il éprouve des vertiges, des douleurs le long du rachis, une grande faiblesse des membres inférieurs et de la diarrhée. Au printemps de 1862, les mêmes accidents se renouvellent; ils s'accompagnent d'un nouveau symptôme que je vais mentionner.

Armand est admis à la clinique le 8 mars 1862; nous constatons l'érythème vernal du dos des mains, une rougeur de la muqueuse buccale, des gerçures sur la langue, qui est fendillée; le malade a une soif vive, des douleurs à l'épigastre, et de la diarrhée; il éprouve une tristesse profonde, des vertiges, une certaine hésitation dans la marche; la vue est affaiblie, cependant l'iris se contracte bien, et on ne constate aucune altération à l'œil; la voix est nasonnée, faible; la déglutition difficile; les liquides reviennent par le nez; une titillation exercée sur la luette avec les barbes d'une plume, des piqûres faites sur la même partie avec un corps aigu, ne déterminent aucune apparence de sensibilité. Armand est mis, pendant deux mois, à l'usage des bains sulfureux, du quinquina et d'une bonne alimentation. Sous l'influence de cette médication, l'érythème s'efface bientôt, la diarrhée cesse, la plupart des phénomènes nerveux diminuent d'intensité; quant à la paralysie du voile du palais, elle ne s'est dissipée que vers le commencement de mai.

La pellagre ne se présente pas toujours avec le tableau complet que je viens de tracer; plusieurs de ces symptômes peuvent manquer, et néanmoins elle est suffisamment caractérisée.

Dans les 77 observations que j'ai recueillies, j'ai noté que cette affection avait offert dans son évolution totale :

36 fois les symptômes cutanés digestifs et nerveux;

22 fois les symptômes cutanés et digestifs;

10 fois les symptômes cutanés seulement;

6 fois les symptômes cutanés et nerveux;

2 fois les symptômes nerveux et digestifs;

1 fois les symptômes nerveux seulement.

Ainsi, lorsque la pellagre dure depuis un certain temps, elle se montre habituellement avec tous ses symptômes.

L'affection cutanée manque rarement; elle est de tous les symptômes le plus fréquent et le plus important. Calderini assure que, sur mille pellagreux, dix ou douze seulement avaient été exempts de l'altération cutanée. Cependant, M. le docteur Costes a constaté, pendant qu'il était attaché comme médecin à l'hôpital Saint-André, que, sur dix cas de pellagre, l'éruption avait manqué trois fois (¹).

La pellagre n'offre pas seulement des différences relatives à la constance de ses manifestations, elle en présente encore par rapport à leur ordre d'apparition.

M. Brierre de Boismont regarde l'altération de la peau comme consécutive; il admet un temps d'incubation marqué souvent par des troubles digestifs, plus rarement par des troubles nerveux.

M. Rayer a vu l'éruption du dos des mains n'apparaître que deux mois avant la mort, alors que la maladie durait depuis huit ans (²).

M. Landouzy a vu la diarrhée précéder l'érythème; en outre, dans ses leçons cliniques, il relate des exemples dans lesquels les désordres de l'intelligence ont précédé les symptômes cutanés. M. Cazenave (de Pau) en a cité d'analogues.

Si je consulte mes observations, je trouve que la pellagre a débuté :

55 fois par l'érythème;

8 fois simultanément par les trois ordres de symptômes;

8 fois par la lésion de l'innervation;

3 fois par l'altération du tube digestif;

2 fois par les phénomènes cutanés et digestifs;

1 fois par les troubles nerveux et digestifs.

Cette statistique se rapproche beaucoup de celle qu'a présentée le docteur G. Hameau; elle semblerait confirmer l'opinion des médecins italiens, qui considèrent la pellagre comme le résultat de l'insolation, et signalent l'affection cutanée comme ouvrant presque toujours la marche de la maladie.

Il peut exister encore quelques modifications relatives à l'apparition des symptômes; ainsi, j'ai vu l'érythème se mani-

---

(¹) *Journal de Médecine de Bordeaux;* 1852, p. 111.
(²) *Journal des Connaissances méd.-chirurg.;* 1845, p. 182.

fester au commencement de l'été, et les autres accidents acquérir toute leur intensité pendant l'hiver. Les différentes phases de la pellagre s'enchaînent alors d'une manière continue, et les époques où elles semblent avoir disparu doivent être considérées comme des rémissions et non comme une véritable guérison. En effet, la pellagre est une affection chronique; elle ne consiste pas en une succession d'états maladifs distincts, elle présente des évolutions progressives, et la suspension de tous les symptômes pendant l'automne et l'hiver est bien plutôt apparente que réelle.

La pellagre peut durer un grand nombre d'années : j'ai vu dans les landes des malheureux qui en étaient affectés depuis quinze et vingt ans. Ils résistent d'autant plus qu'ils n'offrent que les accidents cutanés et de faibles symptômes des voies digestives.

Les complications sont assez fréquentes : les femmes pellagreuses sont sujettes à la chlorose; elles ont des leucorrhées, des métrorrhagies; si elles deviennent enceintes, elles avortent fréquemment.

La fièvre intermittente est une complication assez ordinaire; cette coïncidence n'étonne pas quand on sait que la fièvre intermittente et la pellagre sont endémiques dans les landes.

J'ai vu l'érythème du dos des mains être accompagné de lichen et d'eczema.

Je n'oserai pas affirmer qu'il existe un antagonisme entre la pellagre et la scrofule; mais je n'ai pas rencontré les attributs du tempérament scrofuleux chez les pellagreux des landes : ils n'avaient ni l'engorgement des ganglions cervicaux et mésentériques, ni les phlegmasies chroniques des fosses nasales, ni l'ophthalmie, etc.

Il est certaines maladies qui ne se présentent d'abord que sous forme de complications, qui plus tard acquièrent une haute gravité et abrègent la vie des pellagreux; ce sont : une diarrhée incoercible, la dysenterie, un état typhoïde. J'ai constaté souvent, comme complication et mode de terminaison, l'hydropisie générale et la phthisie. Existerait-il, entre la phthisie et la pellagre, une relation, une influence analogue à celle que l'on trouve entre le diabète et la production des tubercules pulmonaires? Les tubercules seraient-ils la lésion ultime, la conséquence du dépérissement de l'organisme? Enfin, j'ai vu la pellagre se terminer par cette fièvre lente, hectique, dont Strambio a donné une si bonne description.

J'ai eu occasion de faire à l'hôpital Saint-André des nécropsies d'individus morts de pellagre. Voici les altérations que j'ai constatées dans les différents appareils organiques :

Sur les régions qui avaient été le siége de l'érythème, la peau était dense, parcheminée; le derme avait acquis une épaisseur assez considérable.

Le cerveau était rarement dans l'état normal, souvent congestionné à sa surface, souvent encore ramolli. Les membranes du cerveau étaient le siége d'une hypérémie; plus fréquemment, la moelle épinière offrait, dans le milieu de la région dorsale, un ramollissement assez considérable de la substance blanche (1).

Les voies digestives offraient des altérations diverses. La muqueuse gastro-intestinale était rouge, souvent amincie.

A la fin de l'intestin j'ai constaté des altérations nombreuses et profondes. Le foie et la rate n'étaient pas hypertrophiés, mais leur tissu était ramolli.

Les poumons étaient le plus habituellement à l'état normal; j'ai vu leur tissu parsemé de tubercules ramollis. Le cœur ne présentait aucune altération spéciale.

(1) La même lésion anatomique a été mentionnée par M. Brierre de Boismont et par M. Billod.

Le diagnostic de la pellagre est en général facile. Quelle est en effet l'affection du cadre nosologique qui se présente avec des symptômes aussi bien dessinés? Le diagnostic peut cependant offrir quelques difficultés lorsque, déjà ancienne, la pellagre a perdu sa marche régulière et ses symptômes pour ainsi dire classiques.

L'érythème pellagreux et l'érythème solaire peuvent offrir une certaine affinité sous le rapport de la cause et du siége; mais ils ont des caractères distinctifs. L'érythème solaire est fugace, dure deux ou trois jours, et se termine rapidement par de la desquamation; bientôt la peau reprend sa coloration ordinaire. Dans la pellagre, l'exfoliation est lente, se reproduit avec une certaine ténacité, l'épiderme acquiert une épaisseur assez considérable, et conserve des traces de l'affection dont il a été le siége. Lors de ma visite dans les landes, il m'a été facile de distinguer ces deux éruptions, alors même que l'érythème pellagreux était isolé.

M. Landouzy semble confondre l'érythème et l'érysipèle, ou du moins considérer l'érysipèle comme le début de l'érythème pellagreux. L'érysipèle, avec ses symptômes inflammatoires aigus, douleur, coloration rosée, bords saillants, tuméfaction du tissu cellulaire; avec sa marche progressive et envahissante, son mode ordinaire de terminaison constitue un exanthème parfaitement distinct de la lésion cutanée de la pellagre.

L'érythème chronique, qui se développe souvent sous l'influence de la diathèse herpétique, offrirait quelque ressemblance avec l'érythème pellagreux. Toutefois, par sa persistance, il détermine une dilatation des vaisseaux capillaires et une augmentation d'épaisseur du tissu cellulaire. Ces diverses circonstances ne se rencontrent point dans l'érythème pellagreux. J'ai vu souvent cet érythème chronique, et le diagnostic différentiel m'a paru facile à poser.

L'eczema squameux et lichénoïde, le pityriasis, le psoriàsis ne sauraient en imposer pour un érythème pellagreux.

Peut-on confondre l'altération cutanée de la pellagre avec l'acrodynie? Il existe dans l'acrodynie, comme dans la pellagre, des symptômes fournis par les voies digestives, la peau et le système nerveux. Mais quelle différence notable entre ces deux états morbides! Dans l'acrodynie, l'érythème occupait la paume des mains et la plante des pieds; il s'accompagnait de phlyctènes, de pustules ou de taches ecchymotiques. La lésion du système nerveux entraînait une hypéresthésie générale ou partielle, des soubresauts des tendons, des crampes; il se manifestait parfois un œdème de tout le corps. Cette simple mention de quelques-uns des symptômes de l'acrodynie suffit pour prouver que ces deux maladies sont absolument dissemblables.

L'altération des organes digestifs, symptomatique de la pellagre, est facile à reconnaître lorsqu'elle accompagne l'érythème. Mais, en l'absence de ce dernier symptôme, le diagnostic devient d'une difficulté sérieuse. Toutefois, on trouvera dans l'état particulier de la langue, des lèvres et des gencives, dans ce sentiment d'ardeur le long de l'œsophage, ce pyrosis si pénible qui succède à l'ingestion des aliments, dans cette diarrhée survenue sans motifs appréciables et d'une grande opiniâtreté, et surtout dans les conditions d'endémicité, quelques caractères importants, susceptibles de prévenir une erreur de diagnostic.

Les mêmes réflexions s'appliquent à l'altération de l'appareil cérébro-spinal. Que les phénomènes nerveux accompagnent les symptômes cutanés et digestifs ou leur succèdent, il est facile d'en reconnaître l'origine et la nature; mais qu'ils se montrent isolés, l'hésitation devient permise. En voici un exemple.

Observation. — Marie Rollet, âgée de 39 ans, amaigrie,

d'un tempérament lymphatique, habite Le Porge (canton de Castelnau); elle travaille à la terre, se nourrit mal, et ne boit que de l'eau de mauvaise qualité. Sa mère offre les accidents cutanés et digestifs de la pellagre; son père est atteint depuis deux ans de la folie pellagreuse.

Au printemps de 1859, Rollet éprouva des vertiges, des douleurs le long du rachis, une faiblesse générale. Ces accidents durèrent tout l'été, disparurent en hiver, et se renouvelèrent au printemps de 1860. Il y avait une grande faiblesse musculaire des membres inférieurs, une certaine titubation dans la marche. Ces phénomènes nerveux se dissipèrent vers la fin de l'été de 1861. Ils recommencèrent au mois d'avril 1862. J'examinai la malade au mois de mai avec son médecin, M. le docteur Drillon, qui avait reconnu, les années précédentes, les symptômes nerveux de la pellagre; ceux-ci étaient devenus plus intenses; les membres inférieurs offraient une débilité profonde avec tremblements qui paraissaient avoir le caractère choréique. La malade était tombée dans une mutité complète; elle était insouciante, lente dans ses mouvements; elle avait même, depuis le mois précédent, donné à diverses reprises des signes d'aliénation mentale. Les recherches auxquelles nous nous livrâmes, M. Drillon et moi, nous donnèrent la certitude que Marie Rollet n'avait jamais offert les symptômes cutanés et digestifs de la pellagre.

Le diagnostic de cette maladie était évidemment fort difficile; mais les considérations suivantes ont permis de le déterminer : habitation dans une contrée à pellagre, influence héréditaire, physionomie pellagreuse, suspension pendant l'hiver des phénomènes morbides.

Y a-t-il quelque analogie entre la folie pellagreuse et la paralysie générale? Je n'hésite pas à répondre négativement. Les pellagreux parlent sans hésitation, ils fuient la société, et sont loin de faire des rêves d'ambition et de vanité.

Un mot sur la nature de cette affection. Je ne veux point rappeler toutes les théories émises sur ce sujet. Strambio le fils, quelques médecins italiens, et en France MM. Jourdan et Brierre de Boismont, ont regardé la pellagre comme une gastro-entérite chronique; mais ne sait-on pas que souvent les symptômes cutanés et nerveux précèdent la lésion intestinale; que quelquefois même celle-ci n'existe point? Il faut donc revenir aux idées émises par Strambio le père, qui appelait la pellagre *morbus chronicus totius corporis*. En effet, la pellagre ne consiste ni dans les accidents cutanés, ni dans les symptômes digestifs, ni dans les troubles nerveux pris isolément : c'est une maladie générale, une véritable diathèse s'exprimant par des manifestations déterminées, et produite par l'appauvrissement des liquides, sous l'influence de l'altération des forces radicales de l'organisme.

L'application des règles de l'hygiène domine le traitement de la pellagre. J'ai déjà indiqué les contrées qui, dans la Gironde, sont le théâtre habituel de cette maladie, et les circonstances qui me paraissent en favoriser la propagation. Assainir les landes, encourager l'agriculture, faire des routes, donner une eau de bonne qualité, en un mot rendre meilleures les conditions d'existence, telles doivent être les premières indications à remplir.

L'assainissement des landes est une garantie de leur salubrité et la première condition de leur fertilisation. Le dessèchement s'effectue à l'aide de fossés qui reçoivent les eaux superficielles et en favorisent l'écoulement. Ce système opérera la régénération de ces contrées si longtemps délaissées.

Dans toutes les communes, des puits à parois imperméables

ont été creusés à 4 mètres de profondeur. De leur fond siliceux jaillit une eau naturellement filtrée et par cela même améliorée.

Enfin, des routes agricoles nombreuses sillonnent maintenant ces vastes plaines et y portent la vie, le bien-être et la civilisation.

Voilà la véritable prophylaxie de la pellagre.

Si l'Administration se préoccupe avec raison de l'hygiène publique, il appartient au Médecin d'entrer dans les détails de l'hygiène privée. Le mode de construction des habitations rurales, leur bon entretien, la nature des vêtements, la qualité des aliments et des boissons, doivent être l'objet de sa sollicitude. Une bonne nourriture doit surtout être recommandée. Elle a suffi quelquefois pour arrêter les progrès du mal et même pour en triompher. J'ai vu à l'hôpital Saint-André, il y a douze ans, un individu qui offrait les premiers symptômes de la pellagre; sous l'influence du régime et des bains sulfureux, il guérit et retourne dans son pays (Le Porge). L'année suivante il revient à l'hôpital, les phénomènes de la pellagre étaient plus prononcés. Même traitement, même résultat. La troisième année il revient encore, il avait les symptômes de la folie pellagreuse. Il est admis au traitement des années précédentes. Il guérit pour la troisième fois. Au lieu de retourner dans son pays, il reste infirmier à l'hôpital pendant sept années, et sa guérison se maintient. Au bout de ce temps, il rentre chez lui : il est affecté de nouveau de la pellagre et en meurt.

M. le docteur Riboli (de Turin), racontait, au Congrès scientifique tenu à Bordeaux en 1861, qu'il a connu à Parme une famille composée du père, de la mère et de six enfants. Tous étaient pellagreux; le père seul en était exempt, parce que deux fois par semaine il allait au marché de la ville, et là il mangeait du pain et buvait du vin.

En Italie et en Espagne, le lait est donné avec succès aux

pellagreux comme nourriture habituelle; et les médecins qui exercent dans les landes de la Gironde m'ont raconté qu'ils obtiennent d'excellents effets de la diète lactée.

Lorsque l'affection pellagreuse a pris un certain développement, il faut recourir aux modificateurs médicamenteux. Je n'ai jamais trouvé l'occasion de faire tirer du sang aux pellagreux; leur constitution affaiblie s'opposait toujours à ce genre de médication. Les toniques, les astringents, les antispasmodiques, les excitants du système musculaire sont les médicaments le plus habituellement conseillés.

En Italie, et surtout au grand hôpital de Milan, les bains simples et sulfureux, l'hydrothérapie, constituent la base de la médication usuelle contre la pellagre.

Depuis longtemps, mon père a employé avec succès à l'hôpital Saint-André, et moi-même je prescris dans mon service, avec grand avantage, les bains sulfureux contre la pellagre. Ces bains modifient l'affection cutanée, ils donnent du ton à l'organisme, ils ont une action puissante sur le système nerveux, ils exercent une impression favorable sur les organes digestifs; ils sont d'une incontestable utilité. M'autorisant de ces résultats, j'ai engagé M. le Préfet de la Gironde à faire installer, dans plusieurs communes des landes, un service gratuit de bains sulfureux. Ce service a été établi dans le canton de Castelnau; il fonctionne au printemps et pendant l'été sous la direction des médecins. Ces honorables confrères, dans leurs rapports semestriels, annoncent que ce système de traitement a été accepté par les populations avec gratitude, et qu'il a déjà produit sur leur santé une heureuse influence.

Bordeaux. — Imp. G. Gounouilhou, rue Guiraude, 11.